U0882489

河南省地方标准

普通省道网命名和编号规则

Naming and numbering rules of general highway net

DB 41/T 1168—2015

主编单位：河南省交通运输厅公路管理局
河南省交通科学技术研究院有限公司
批准部门：河南省质量技术监督局
实施日期：2016 年 03 月 01 日

人民交通出版社股份有限公司

图书在版编目(CIP)数据

普通省道网命名和编号规则 / 河南省交通运输厅公路管理局，河南省交通科学技术研究院有限公司主编. —北京 ：人民交通出版社股份有限公司，2017.2

ISBN 978-7-114-13666-5

Ⅰ.①普… Ⅱ.①河… ②河… Ⅲ.①地方道路—命名 ②地方道路—编号—规则 Ⅳ.①U412.36

中国版本图书馆 CIP 数据核字(2017)第 030350 号

书　　名：普通省道网命名和编号规则
著 作 者：河南省交通运输厅公路管理局
河南省交通科学技术研究院有限公司
责任编辑：卢俊丽　尤　伟
出版发行：人民交通出版社股份有限公司
地　　址：(100011)北京市朝阳区安定门外外馆斜街 3 号
网　　址：http://www.ccpress.com.cn
销售电话：(010)59757973
总 经 销：人民交通出版社股份有限公司发行部
经　　销：各地新华书店
印　　刷：北京鑫正大印刷有限公司
开　　本：880 × 1230　1/16
印　　张：1
字　　数：22 千
版　　次：2017 年 2 月　第 1 版
印　　次：2017 年 2 月　第 1 次印刷
书　　号：ISBN 978-7-114-13666-5
定　　价：20.00 元

目　次

前　言

本标准按照 GB/T 1.1—2009 给出的规则起草。

本标准由河南省交通运输厅提出。

本标准由河南省交通运输厅公路管理局归口。

本标准起草单位:河南省交通运输厅公路管理局、河南省交通科学技术研究院有限公司。

本标准主要起草人:牛永亮、靳明、宋元华、昌宏哲、徐涛、谢冬歌、单飞。

本标准参加起草人:张 军、张传银、郭晶、杜红静、聂震丽、何亚琪、吴沙沙、赵伟、田保慧、蔡义杰、王政、姬海军、王涛、李卫星、袁洋、蒋雨波、王坤、贾海洋。

普通省道网命名和编号规则

1 范围

本标准规定了普通省道命名、编号、路线交换代码、信息标识与交换。

本标准适用于河南省普通省道命名和编号,农村公路命名和编号也可参照执行。

2 规范性引用文件

下列文件对于本文件的应用是必不可少的。凡是注日期的引用文件,仅注日期的版本适用于本文件。凡是不注日期的引用文件,其最新版本(包括所有的修改单)适用于本文件。

GB/T 2260 中华人民共和国行政区划代码

GB/T 10114 县级以下行政区划代码编制规则

GB 5768 道路交通标志和标线

3 术语和定义

下列术语和定义适用于本文件。

3.1

省会放射线 capital of radiation

从省会郑州市出发向省内其他区域辐射的普通省道路线。

3.2

北南纵线 north south lines

整体呈现北南走向的普通省道路线。

3.3

东西横线 east west lines

整体呈现东西走向的普通省道路线。

3.4

联络线 tie lines

联结国省道与国省道或国省道与部分重要节点(乡镇、旅游景区、高速公路出入口等)的普通省道路线。

4 命名

4.1 普通省道路线的命名,应按照省会放射线、北南纵线、东西横线和联络线的起讫点方向顺序排名,采用所在地的主要行政区划名称。普通省道省会放射线以省会为起点;普通省道北南纵线按照地理位置方位由北向南;普通省道东西横线起讫点按照地理位置方位由东向西;普通省道联络线起讫点按照行政区划级别自高而低,同行政区划级别按地理位置方位自北向南、自东向西。示例参见本标准附录A.1。

4.2 普通省道路线全称由路线起讫点的地名中间加连接符“—”组成，称为“××—××公路”。若路线起讫点分别位于不同县(市)级行政区划，路线起讫点名称原则上选择县级(市)及以上行政区划节点；若路线起讫点均位于同一县级行政区划内或距离较近(一般为50km以内)容易识别的，路线的起讫点名称可选择乡(镇)节点。示例参见本标准附录A.2。

4.3 普通省道路线简称原则上采用起讫点地名的首位汉字组合表示，简称为“××线”。

4.4 路线全称和简称不应重复。如出现重复，则应采用起讫点所在地乡(镇)级以上行政区划加以区分，或采用其他能表示该路线起讫点特征的地名加以区别。如范县辛庄至林州合涧路线，命名为“范县—林州公路”，简称“范林线”；为避免重复，范县张庄至林州任村路线，命名为“范县—红旗渠公路”，简称“范红线”。

4.5 部分路线在地名的基础上可采用体现当地文化特色的标识。示例参见本标准附录A.3。

4.6 路线全称不宜超过10个汉字位，简称不宜超过5个汉字位。

4.7 路线名称应按照GB/T 2260和GB/T 10114规定的汉字地名表示。未列入标准而实际存在或新变更的地方名称，也可采用国家或省级地名主管部门颁布的地名。

5 编号

5.1 标识符

普通省道路线的字母标识符采用汉语拼音“S”表示。

5.2 编号结构

普通省道的编号，由省道标识符“S”和三位数字组配表示，结构为S×××。

5.3 编号规则

5.3.1 普通省道的数字编号，第一位用“1、2、3、5”分别表示省会放射线、北南纵线、东西横线和联络线；第二、三位按路线的不同走向对应编制两位数字顺序号。

5.3.2 普通省道省会放射线的编号，以郑州市为起点，放射线止点为终点，从正北方向按顺时针方向顺序编号。

5.3.3 普通省道北南纵线的编号，以路线北端为起点，南端为终点，按路线的纵向排列，由东向西顺序编号。

5.3.4 普通省道东西横线的编号，以路线东端为起点，西端为终点，按路线的横向排列，由北向南顺序编号。

5.3.5 普通省道联络线的编号，以路线北端为起点，由北向南顺序编号，同一横向上自东向西顺序编号。

5.3.6 在保持路线连续的情况下，普通省道编码可跨省级行政区域沿用同一编号，如南乐福堪至商城长竹园路线跨越山东省、安徽省，但路线始终保持连续，故沿用同一编号。

5.3.7 普通省道与相邻省份省道连接贯通的，可考虑统一编号。

5.3.8 普通省道之间重合的路段，编号时原则上按照路线编号选择数字较小者；普通省道与普通国道之间重合的路段，编号时沿用国道编号。

5.4 编号示例

普通省道网编号规则示例参见本标准附录B。

5.5 编号区间

河南省普通省道编号区间见表1。

表1 河南省普通省道编号区间

名　　称	编号区间	说　　明
普通省道省会放射线	S101～S199	01～99 为系列顺序号
普通省道北南纵线	S201～S299	
普通省道东西横线	S301～S399	
普通省道联络线	S501～S599	

6 路线交换代码

6.1 代码结构和编制方法

普通省道路线编号可与GB/T—2260规定的行政区划数字代码组配表示。行政区划代码采用6位等长码；等长码中不标代码的空位填充数字“0”。其基本的系统代码结构如图1所示。

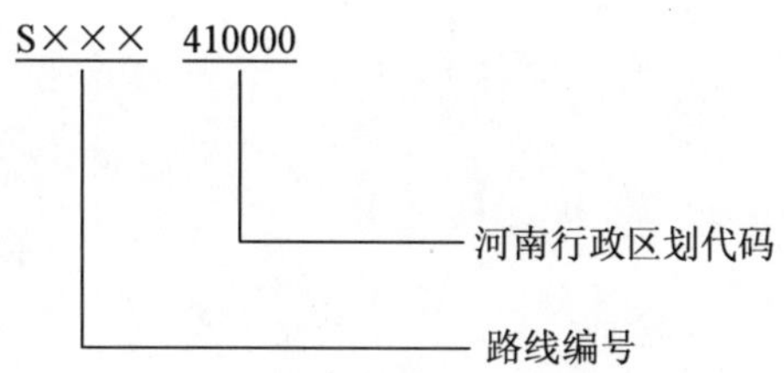

图1 普通省道交换代码结构

6.2 路线编号及交换代码示例

普通省道路线编号及交换代码示例参见本标准附录B。

7 信息标识与交换

7.1 公共信息标识

7.1.1 路线编号除用于日常公路管理、公路信息系统及信息网络的标识与交换外，还可用于道路等公共场所，如地图、里程碑（桩、牌）、交通标志或互联网络、媒体等公共信息载体的标识。

7.1.2 道路及站场的标志（普通的或可变信息标志）、里程碑、百米桩等对路线编号的标识，应同时采用GB 5768的有关规定。

7.1.3 普通省道若与普通国道、高速公路存在相同的起讫点，或在同一条路线上有重合路段，或两条以上省道有重合路段，可在公共信息载体上同时标出所在的各条路线编号；重合路段上应优先标出主要前进方向的路线编号，宜按照公路的行政等级由高到低、编号由小到大顺序排列。

7.2 公共信息交换

7.2.1 用于公共信息交换时，应按照本标准的路线名称及编号，河南省普通省道名称和编号方案见本标准附录C。

7.2.2 用于公共信息交换的内容主要有：路线名称、编号、桩号，重复路线名称、编号、桩号等信息。

7.2.3 不同行业之间交换省道信息，路线代码应采用等长码结构，并注意与本标准规定的编号与代码结构在整体上保持一致。

附 录 A
（资料性附录）
河南省普通省道路线命名规则示例

A.1 联络线起讫点

联络线起讫点方向选取规则示例如下：

——汤阴至瓦岗路线，汤阴县行政级别较高，故选取汤阴县城为起点，汤阴县瓦岗乡为讫点；夏邑至孔庄路线，夏邑县行政级别较高，故选择夏邑县城为起点，夏邑孔庄乡为讫点；

——固始李店至固始杨集路线，李店位于北端，故选取李店为起点，杨集为讫点；夏邑胡桥至夏邑马牧路线，胡桥位于北端，故选取胡桥为起点，马牧为讫点。

A.2 路线起讫点名称

路线起讫点名称选取规则示例如下：

——郑州至台前路线，起讫点分别位于郑州市和濮阳市台前县吴坝乡，属于两个不同的市级行政区划，故起讫点名称分别选择郑州市和台前县；

——宁陵至太康路线，起讫点分别位于宁陵县和太康县，属于两个不同的县级行政区划，故起讫点名称分别选择宁陵县和太康县；

——永城条河至永城马桥路线，起讫点均在同一县级行政区划永城市内，故起讫点名称分别选择条河乡和马桥镇；

——灵宝至卢氏官道口路线，起讫点分别位于灵宝市和卢氏县官道口镇，相距较近容易辨识，故起讫点名称分别选择灵宝市和官道口镇。

A.3 文化特色路名及简称

文化特色路名及简称示例如下：

——“林州—济源沿南太行山公路”，简称“沿南太行线”；

——“兰考—灵宝沿黄河公路”，简称“沿黄线”；

——“商城—信阳沿大别山公路”，简称“沿大别山线”。

附　录　B
（资料性附录）
河南省普通省道路线编号及交换代码示例

普通省道编号示例如下：

省会放射线编号是 S101、…、S199，北南纵线是 S201、…、S299，东西横线是 S301、…、S399。

普通省道交换代码示例如下：

省会放射线编号为 S101，则交换代码标识为 S101 410000，该省道代码在全国具有唯一性。

附 录 C
（规范性附录）
河南省普通省道名称和编号

河南省普通省道名称和编号见表 C.1。

表 C.1 河南省普通省道名称和编号

编号	路线名称	路线简称	起点地名	讫点地名
S101	郑州—台前公路	郑台线	郑州市	台前吴坝乡
S102	郑州—沈丘公路	郑沈线	郑州市	沈丘刘湾镇
S103	郑州—淅川公路	郑淅线	郑州市	淅川九重镇
S104	郑州—沁阳公路	郑沁线	郑州市	沁阳常平乡
S201	条河—马桥公路	条马线	永城条河乡	永城马桥镇
S202	韩道口—李寨公路	韩李线	夏邑韩道口镇	永城李寨乡
S203	三河尖—武庙集公路	三武线	固始三河尖镇	固始武庙集乡
S204	固始—商城公路	固商线	固始往流镇	商城长竹园乡
S205	固始—新县公路	固新线	固始陈集镇	新县田铺乡
S206	杨集—业庙公路	杨业线	商丘杨集镇	夏邑县业庙乡
S207	商丘—周口公路	商周线	商丘杨集镇	周口市
S208	田庙—界沟公路	田界线	虞城田庙乡	虞城界沟镇
S209	商丘—郸城公路	商郸线	商丘李庄乡	郸城白马镇
S210	淮滨—新县公路	淮新线	淮滨县	新县卡房乡
S211	商丘—沈丘公路	商沈线	商丘谢集镇	沈丘县
S212	宁陵—太康公路	宁太线	商丘宁陵县	周口太康县
S213	民权—信阳公路	民信线	民权北关镇	信阳谭家河乡
S214	南乐—商城公路	南商线	南乐福堪乡	商城长竹园乡
S215	南乐—濮阳公路	南濮线	南乐寺庄乡	濮阳渠村乡
S216	兰考—沈丘公路	兰沈线	兰考堌阳镇	沈丘付集镇
S217	商水—新县公路	商新线	商水县	新县苏河镇
S218	兰考—罗山公路	兰罗线	兰考南彰镇	罗山定远乡
S219	濮阳—封丘公路	濮封线	濮阳市	封丘陈桥镇
S220	南乐—杞县公路	南杞线	南乐梁村乡	杞县官庄乡
S221	通许—太康公路	通太线	通许县	太康县
S222	开封—遂平公路	开遂线	开封市	遂平县
S223	滑县—确山公路	滑确线	滑县	确山新安店镇
S224	内黄—罗山公路	内罗线	内黄田氏镇	罗山灵山镇
S225	安阳—平舆公路	安平线	安阳铜冶镇	平舆县

表 C.1 河南省普通省道名称和编号(续)

编号	路线名称	路线简称	起点地名	讫点地名
S226	确山—商城公路	确商线	确山县	商城苏仙石乡
S227	林州—桐柏公路	林桐线	林州东岗镇	桐柏县
S228	卫辉—新野公路	卫新线	卫辉唐庄镇	新野王庄镇
S229	辉县—原阳公路	辉原线	辉县南寨镇	原阳葛埠口乡
S230	林州—济源沿南太行公路	沿南太行线	林州任村镇	济源小浪底
S231	薄壁—原武公路	薄原线	辉县薄壁镇	原阳原武镇
S232	云台山—叶县公路	云叶线	焦作云台山	叶县仙台镇
S233	焦作—桐柏公路	焦桐线	焦作西村乡	桐柏程湾乡
S234	焦作—新野公路	焦新线	焦作市	新野王庄镇
S235	博爱—许昌公路	博许线	博爱寨豁乡	许昌市
S236	沁阳—上街区公路	沁上路	沁阳常平乡	郑州市上街区
S237	沁阳—新野公路	沁新线	沁阳常平乡	新野新甸铺镇
S238	紫陵—上街区公路	紫上线	沁阳紫陵镇	上街区峡窝镇
S239	镇平—新野公路	镇新线	镇平二龙乡	新野王集镇
S240	济源—邓州公路	济邓线	济源克井镇	邓州都司镇
S241	洛阳—驻马店公路	洛驻线	孟津小浪底	汝南金铺镇
S242	南村—嵩县公路	南嵩线	渑池南村乡	嵩县田湖镇
S243	渑池—邓州公路	渑邓线	渑池白浪村	邓州林扒镇
S244	三门峡—邓州公路	三邓线	三门峡高庙乡	邓州孟楼镇
S245	三门峡—卢氏公路	三卢线	三门峡张湾乡	卢氏五里川镇
S246	灵宝—卢氏公路	灵卢线	灵宝市	卢氏瓦窑沟乡
S301	范县—红旗渠公路	范红线	范县张庄乡	林州任村镇
S302	范县—林州公路	范林线	范县辛庄镇	林州合涧镇
S303	濮阳—安阳公路	濮安线	濮阳市	林州姚村镇
S304	濮阳—鹤壁公路	濮鹤线	濮阳白堽乡	鹤壁善应镇
S305	濮阳—淇滨区公路	濮淇线	濮阳濮城镇	鹤壁大河涧乡
S306	濮阳—辉县公路	濮辉线	濮阳渠村乡	辉县薄壁镇
S307	卫辉—济源公路	卫济线	卫辉市	济源思礼镇
S308	武陟—济源公路	武济线	武陟大虹桥乡	济源九里沟
S309	长垣—济源公路	长济线	长垣武邱乡	济源小浪底
S310	长垣—邵原公路	长邵线	长垣卢岗乡	济源邵原镇
S311	封丘—辉县公路	封辉线	封丘李庄社区	辉县上八里镇
S312	兰考—灵宝沿黄河公路	沿黄线	兰考许河乡	灵宝豫灵镇
S313	宜阳—陕县公路	宜陕线	宜阳石陵乡	陕县
S314	虞城—灵宝公路	虞灵线	虞城张集镇	灵宝朱阳镇
S315	郑州—卢氏公路	郑卢线	郑州马寨镇	卢氏县

表 C.1　河南省普通省道名称和编号(续)

编号	路线名称	路线简称	起点地名	讫点地名
S316	永城—开封公路	永开线	永城芒山镇	开封市
S317	永城—孟津公路	永孟线	永城苗桥镇	孟津王良乡
S318	通许—长葛公路	通长线	通许县	禹州后河镇
S319	夏邑—宜阳公路	夏宜线	夏邑骆集乡	宜阳赵堡乡
S320	永城—汝州公路	永汝线	永城马桥镇	汝州骑岭乡
S321	鹿邑—汝州公路	鹿汝线	鹿邑贾滩镇	汝州焦村乡
S322	鹿邑—嵩县公路	鹿嵩线	鹿邑郑家集乡	嵩县
S323	鹿邑—方城公路	鹿方线	鹿邑县	方城白湾村
S324	郸城—汝阳公路	郸汝线	郸城南丰镇	汝阳大安村
S325	漯河—嵩县公路	漯嵩线	漯河市	嵩县德亭镇
S326	栾川—卢氏公路	栾卢线	栾川县	卢氏木桐乡
S327	沈丘—舞钢公路	沈舞线	沈丘周营乡	舞钢八台镇
S328	沈丘—卢氏公路	沈卢线	沈丘大刑庄乡	卢氏官坡镇
S329	方城—淅川公路	方淅线	方城赵河镇	淅川大石桥乡
S330	新蔡—淅川公路	新淅线	新蔡棠村镇	淅川荆紫关镇
S331	驻马店—淅川公路	驻淅线	驻马店市	淅川滔河乡
S332	新蔡—丹江口水库公路	新丹线	新蔡棠村镇	淅川香花镇
S333	新蔡—方城公路	新方线	新蔡杨庄户乡	方城二郎庙镇
S334	淮滨—邓州公路	淮邓线	淮滨固城乡	邓州孟楼镇
S335	淮滨—信阳公路	淮信线	淮滨县	信阳高粱店乡
S336	固始—平桥区公路	固平线	固始泉河铺镇	平桥区洋河镇
S337	固始—信阳公路	固信线	固始陈淋子镇	信阳董家河乡
S338	商城—信阳沿大别山公路	沿大别山线	商城伏山乡	信阳吴家店镇
S501	台前—寿张公路	台寿线	濮阳台前县	濮阳寿张镇
S502	安阳—内黄公路	安内线	安阳高庄镇	内黄县
S503	安阳—东姚公路	安东线	安阳市	林州东姚镇
S504	汤阴—瓦岗公路	汤瓦线	汤阴县	汤阴县瓦岗乡
S505	白道口—上官公路	白上线	滑县白道口镇	滑县上官镇
S506	洪门镇—蒋庄公路	洪蒋线	新乡洪门镇	原阳蒋庄乡
S507	兰考—东坝头公路	兰东线	兰考县	兰考东坝头
S508	段村—英豪公路	段英线	渑池段村乡	渑池英豪镇
S509	林七—老颜集公路	林老线	民权林七乡	民权老颜集乡
S510	傅集—竹林公路	傅竹线	杞县傅集镇	杞县竹林乡
S511	莲庄—上观公路	莲上线	宜阳莲庄镇	宜阳上观乡
S512	灵宝—官道口公路	灵官线	灵宝市	卢氏官道口镇
S513	夏邑—孔庄公路	夏孔线	夏邑县	夏邑县孔庄乡

表 C.1 河南省普通省道名称和编号(续)

编号	路线名称	路线简称	起点地名	讫点地名
S514	芒山—高庄公路	芒高线	永城芒山镇	永城高庄镇
S515	陈集—蒋口公路	陈蒋线	永城陈集镇	永城蒋口乡
S516	胡桥—马牧公路	胡马线	夏邑胡桥乡	永城马牧镇
S517	冯桥—杜集公路	冯杜线	商丘冯桥镇	虞城杜集镇
S518	新桥—黄口公路	新黄线	永城新桥乡	永城黄口乡
S519	汲水—胡集公路	汲胡线	郸城汲水乡	郸城胡集乡
S520	郏县—汝州公路	郏汝线	郏县	汝州市
S521	冷水镇—三川镇公路	冷三线	栾川冷水镇	栾川三川镇
S522	熊背—四棵树公路	熊四线	鲁山县熊背乡	鲁山县四棵树乡
S523	新站—鲁台公路	新鲁线	淮阳新站镇	淮阳鲁台镇
S524	乔端—洞街公路	乔洞线	南召乔端镇	南召洞街村
S525	蔡寨—嵖岈山公路	蔡嵖线	遂平蔡寨回族乡	遂平嵖岈山
S526	杨楼—小史店公路	杨小线	方城杨楼镇	方城小史店镇
S527	回车—丹水公路	回丹线	西峡回车镇	西峡丹水镇
S528	曲屯—贾宋公路	曲贾线	镇平曲屯镇	镇平贾宋镇
S529	朱集—陈庄公路	朱陈线	社旗朱集镇	泌阳陈庄乡
S530	源潭—古城公路	源古线	唐河源潭镇	唐河古城乡
S531	陆营—习营公路	陆习线	邓州陆营乡	邓州习营村
S532	邓州—文渠公路	邓文线	邓州市	邓州文渠乡
S533	岳城—王勿桥公路	岳王线	正阳岳城乡	正阳王勿桥乡
S534	李店—杨集公路	李杨线	固始李店乡	固始杨集乡
S535	石佛店—郭陆滩公路	石郭线	固始石佛店镇	固始郭陆滩镇
S536	谈店—凉亭公路	谈凉线	潢川谈店乡	光山凉亭乡
S537	沙窝镇—新县公路	沙新线	新县沙窝镇	新县
S538	丹峡大桥—仓房公路	丹仓线	淅川丹峡大桥	淅川仓房镇
S539	偃师东—顾县公路	偃顾线	偃师东	顾县
S540	楠杆—彭新公路	楠彭线	罗山楠杆镇	罗山彭新镇
S541	侯寨—苟堂公路	侯苟线	郑州侯寨乡	新密苟堂镇
S542	安阳市—鹤壁市	安鹤线	安阳市	鹤壁市